Pessach & das Fest der ungesäuerten Brote

Übungsbuch

Pessach & das Fest der ungesäuerten Brote – Übungsbuch

Alle Rechte vorbehalten. Durch den Kauf dieses Übungsbuchs darf der Käufer die Übungsblätter nur für den persönlichen Gebrauch und den Unterricht, jedoch nicht für den kommerziellen Weiterverkauf kopieren. Mit Ausnahme der oben genannten Bestimmungen darf dieses Übungsbuch ohne schriftliche Genehmigung des Herausgebers weder ganz noch teilweise in irgendeiner Weise reproduziert werden.

Bible Pathway Adventures® ist eine Marke von BPA Publishing Ltd.

ISBN: 978-1-989961-62-9

Autor: Pip Reid
Kreativdirektor: Curtis Reid
Übersetzer: Daniel Friedrich
Lektorat: Sonja Röder

Für kostenlose Bibelmaterialien und Lehrerpakete mit Malvorlagen, Arbeitsblätter, Quizfragen und mehr besuchen Sie unsere Website unter:

www.biblepathwayadventures.com

◆◇ EINFÜHRUNG ◇◆

Freuen Sie sich darauf, Ihren Kindern mit unserem Übungsbuch *Pessach & das Fest der ungesäuerten Brote* den biblischen Glauben zu vermitteln. Dieses Übungsbuch enthält eine Zusammenstellung aus Arbeitsblättern, Quizfragen, Schreibaktivitäten, Rätseln und mehr in unterschiedlichen Schwierigkeitsgraden. Inklusive Bibelstellenangaben zum einfachen Nachschlagen von Bibelversen und einem Lösungsschlüssel für Lehrer. Die perfekte Ressource für Sabbat- und Sonntagsschulunterricht und Homeschooling.

Bible Pathway Adventures hilft Pädagogen, Kindern den biblischen Glauben auf spielerische und kreative Weise zu vermitteln. Wir tun dies mit unseren Übungsbüchern und kostenlosen, druckbaren Rätselseiten - verfügbar auf unserer Website www.biblepathwayadventures.com

Vielen Dank, dass Sie dieses Übungsbuch erworben haben und unseren Dienst unterstützen. Jedes gekaufte Buch hilft uns, unsere Arbeit fortzusetzen und Familien und Missionen auf der ganzen Welt kostenlose Klassenzimmerpakete und Ressourcen zum Bibelstudium zur Verfügung zu stellen.

Die Suche nach der Wahrheit macht mehr Spaß als die Tradition!

◆◇ INHALTSVERZEICHNIS ◇◆

Einführung 3
Dieses Buch gehört… 6
Die festgesetzten Zeiten 7

Pessach & das Fest der ungesäuerten Brote (Pesach und Chag HaMatzot)
Einführung: Pessach & das Fest der ungesäuerten Brote 8
Bibel-Quiz: Die zehn Plagen 9
Karten-Aktivität: Wo liegt Ägypten? 10
Arbeitsblatt: Zehn Plagen in Ägypten 11
Bibel-Basteln: Einen Papierfrosch basteln 12
Arbeitsblatt: Ich entdecke! 13
Bibel-Kreuzworträtsel: Pessach 14
Arbeitsblatt zum Verständnis: Das Pessachmahl 15
Bibel-Wortsuche: Das Fest der ungesäuerten Brote 16
Arbeitsblatt: Lückentext 17
Malvorlage: Vorbereitungen für das Pessachfest 18
Arbeitsblatt: Lerne, ein Schaf zu zeichnen 19
Malvorlage: Pessach 20
Arbeitsblatt: Was isst man zum Pessachmahl? 21
Arbeitsblatt: Das Fest der ungesäuerten Brote 22
Arbeitsblatt: Der Auszug aus Ägypten 23
Faktenblatt: Ungesäuertes Brot 24
Rezept: Wir backen Matze! 25
Hebräisch lernen: Das Fest der ungesäuerten Brote 26
Vervollständige das Bild: Das letzte Mahl Jeschuas 28
Malvorlage: Das letzte Mahl 29
Arbeitsblatt: Silbermünzen 30
Labyrinth: Vor dem Sanhedrin 31
Arbeitsblatt zum Ausmalen: Jeschua vor Pilatus 32

Bibel-Quiz: Pessach & das Fest der ungesäuerten Brote ... 33
Arbeitsblatt: Garten Gethsemane ... 34
Bibel-Quiz: Tod am Pfahl ... 35
Arbeitsblatt zum Ausmalen: Kreuzigung ... 36
Arbeitsblatt zum Verständnis: Der Tempel ... 37
Arbeitsblatt: Das Pessach ... 38
Lasst uns Schreiben: Die Kreuzigung ... 39
Bibelvers Schreibarbeit: Das Pessach-Lamm ... 40

HANDWERK & PROJEKTE
Bibel-Basteln: Ein Pappteller-Lamm basteln ... 43
Bibel-Aktivität: Garten von Gethsemane ... 47
Arbeitsblatt: Wer hat es gesagt? ... 49

Lösungen ... 50
Entdecken Sie weitere Übungsbücher! ... 52

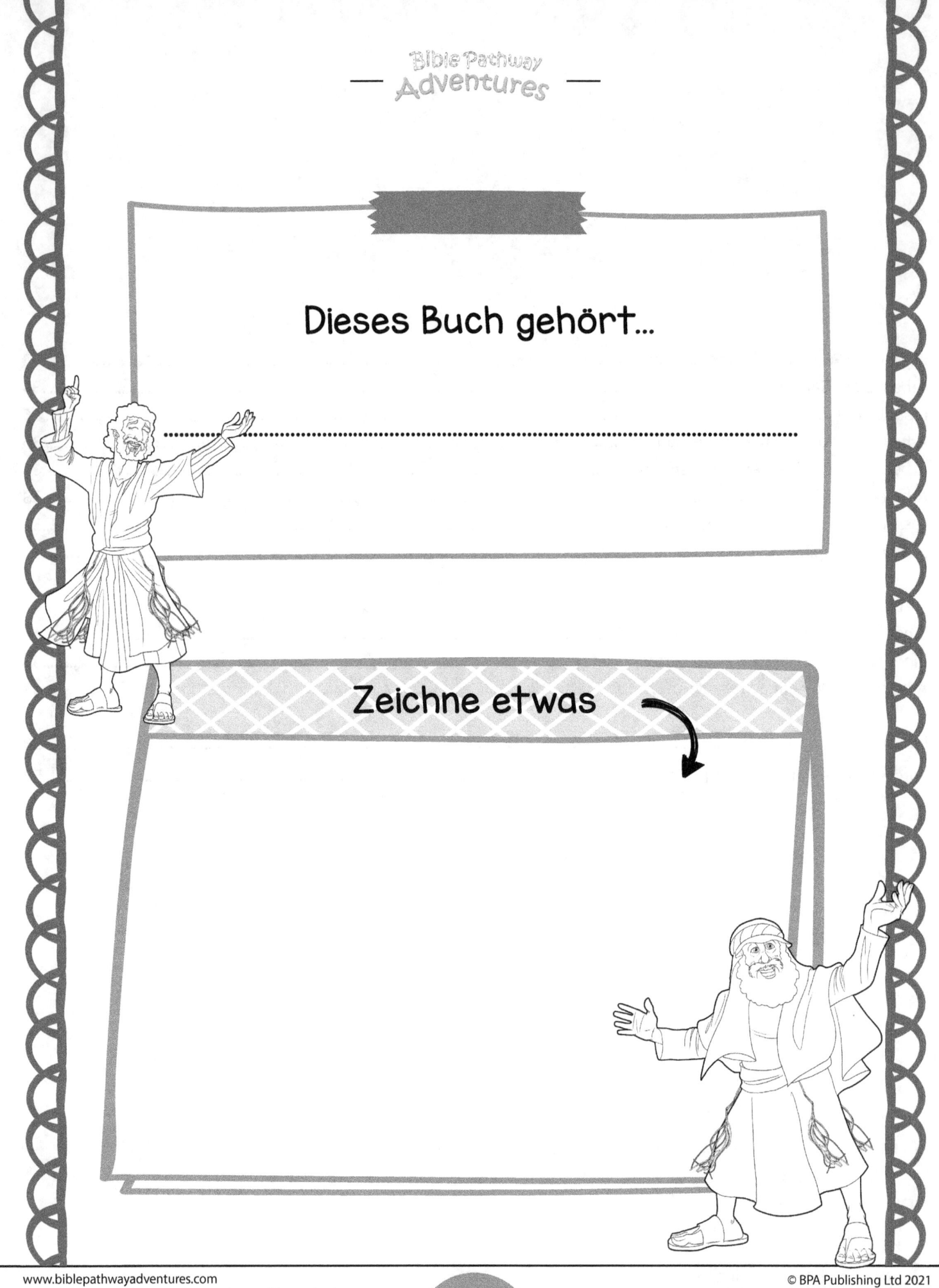

Dieses Buch gehört...

Zeichne etwas

DIE FESTGESETZTEN ZEITEN

In Seinem biblischen Kalender hat Jah besondere Tage festgelegt, welche „die festgesetzten Zeiten" genannt werden. Die festgesetzten Zeiten (Moedim auf Hebräisch) handeln alle vom Kommen des Messias, von der Hoffnung und dem Plan unserer Erlösung. Viele englischsprachige Bibeln verwenden das Wort „seasons" (Jahreszeiten), aber das ursprüngliche hebräische Wort lautet „Moed" und bedeutet „festgesetzte Zeit".

Manche Menschen glauben, dass diese festgesetzten Zeiten jüdische Feste sind. Die Heilige Schrift sagt uns jedoch, dass es keine jüdischen oder hebräischen Feste sind; es sind Jahs festgesetzte Zeiten und es sind Generalproben für das ganze Haus Israel.

„Das sind aber die Feste des Herrn, die heiligen Versammlungen, die ihr zu festgesetzten Zeiten einberufen sollt." (3. Mose 23,4)

Die erste Reihe der festgesetzten Zeiten wurde mit dem ersten Kommen Jeschuas erfüllt - das Fest der ungesäuerten Brote (einschließlich des Pessachmahls), das Fest der Erstlingsfrucht und das Fest Schavuot. Die letzte Reihe der festgesetzten Zeiten wird sich mit dem zweiten Kommen Jeschuas erfüllen - das Posaunenfest, der Versöhnungstag, das Laubhüttenfest und der letzte große Tag.

PESSACH & DAS FEST DER UNGESÄUERTEN BROTE

Als die Israeliten Ägypten verließen, waren sie so in Eile, dass sie keine Zeit hatten, ihren Brotteig gehen zu lassen. So trugen sie den ungebackenen Teig auf dem Rücken, und während sie gingen, wurde er in der Sonne erhitzt. Weil das Brot keine Hefe hatte, wurde es hart und flach und war als „Matze" (oder Matzah) bekannt. Das Essen von Matzen jedes Jahr während des Festes der ungesäuerten Brote erinnert die Menschen an den Auszug der Israeliten aus Ägypten und daran, wie Jah sie aus der Knechtschaft befreite. Obwohl die Israeliten körperlich befreit waren, beteten sie immer noch die falschen Götter Ägyptens an. Sie mussten lernen, Ägypten geistig zu verlassen.

Der hebräische Name für das Fest der ungesäuerten Brote ist Chag HaMatzot und bedeutet wörtlich „Fest der ungesäuerten Brote." Es beginnt am fünfzehnten Tag des biblischen 1. Monats, dem hebräischen Nissan (meistens fällt dieser in den April) mit dem Pessachmahl und dauert sieben Tage lang. Viele Menschen denken, dass dieses Fest ein jüdisches Fest ist. Aber die Bibel besagt, dass dieses Fest eine von Jahs „festgesetzten Zeiten" ist. Das Pessach verweist auf Jeschua als unser Pessach-Lamm, dessen Blut für unsere Sünden vergossen wurde. Jeschua wurde am Tag der Vorbereitung auf das Pessachfest gekreuzigt, zur Stunde, als die Lämmer für das Pessachmahl am Abend geschlachtet wurden.

Male das Lamm aus!

„Das sind aber die Feste des Herrn, die heiligen Versammlungen, die ihr zu festgesetzten Zeiten einberufen sollt." (3. Mose 23,4)

DIE ZEHN PLAGEN

Lies 2. Mose 7,14-13,16.
Beantworte die folgenden Fragen.

1. Was war die erste Plage? ....

2. Welche Plagen konnten die ägyptischen Zauberer kopieren? ....

3. Was war die vierte Plage? ....

4. Bei welcher Plage wurde Ofenruß verwendet? ....

5. Was war die neunte Plage? ....

6. Was war die letzte Plage? ....

7. Wie viele Plagen schickte Jah über Ägypten? ....

8. Wer verhärtete das Herz des Pharaos, so dass er die Kinder Israels nicht ziehen ließ? ....

9. Wessen Gebeine nahm Mose mit, als er Ägypten verließ? ....

10. Die Kinder Israels verließen Ägypten während welcher festgesetzten Zeit (welchen Festes)? ....

WO LIEGT ÄGYPTEN?

Folge den Anweisungen unten und markiere die Orte auf der Karte von Afrika. Vielleicht musst du einen Atlas oder das Internet benutzen, um die Antworten zu finden!

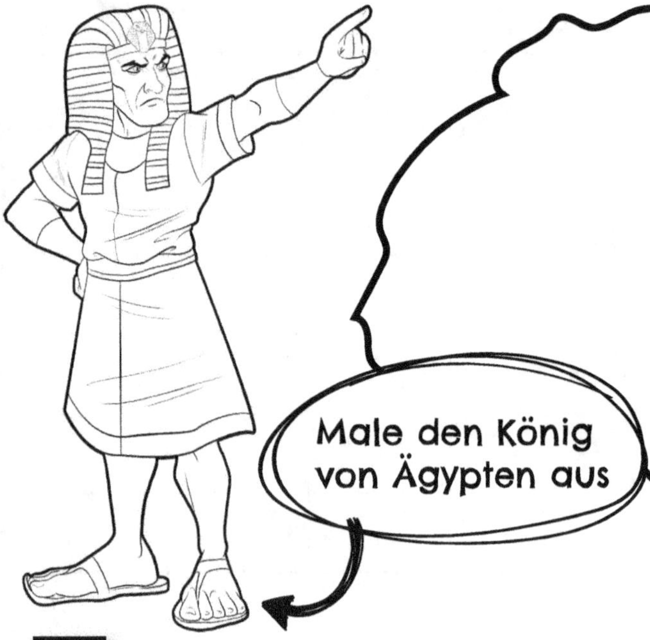

Male den König von Ägypten aus

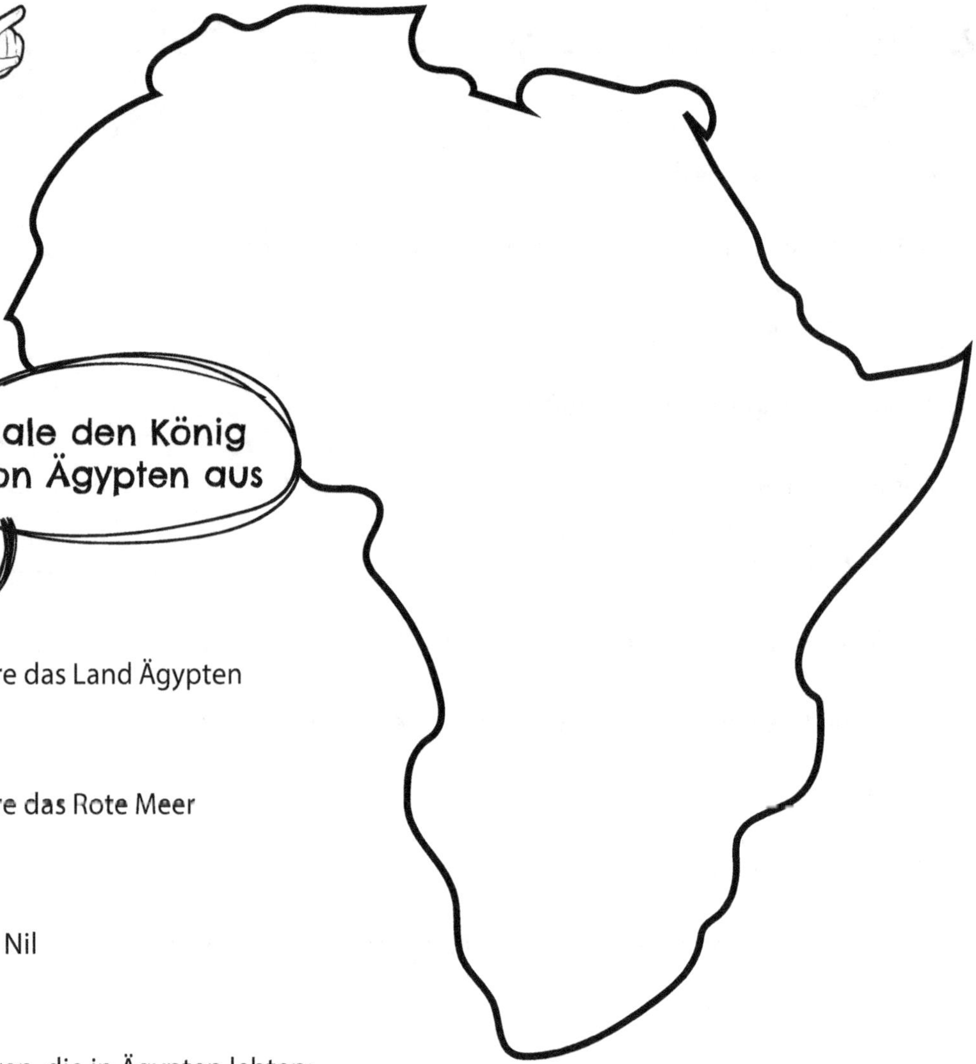

☐ Finde und markiere das Land Ägypten

☐ Finde und markiere das Rote Meer

☐ Zeichne den Fluss Nil

Nenne vier biblische Figuren, die in Ägypten lebten:

.... , ... , ... , ...

ZEHN PLAGEN IN ÄGYPTEN

Lies 2. Mose 7,14-11,10. Bringe die Plagen in die richtige Reihenfolge.
Schreibe Zahlen in die Kästchen, entsprechend der Reihenfolge, in der sie passiert sind.

Blut

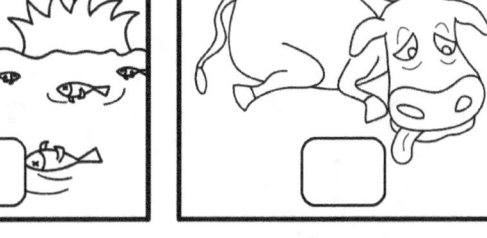
Viehseuche

Hundsfliegen

Mücken (bzw. Läuse)

Hagel

Finsternis

Geschwüre

Frösche

Heuschrecken

Tod der Erstgeborenen

EINEN PAPIERFROSCH BASTELN

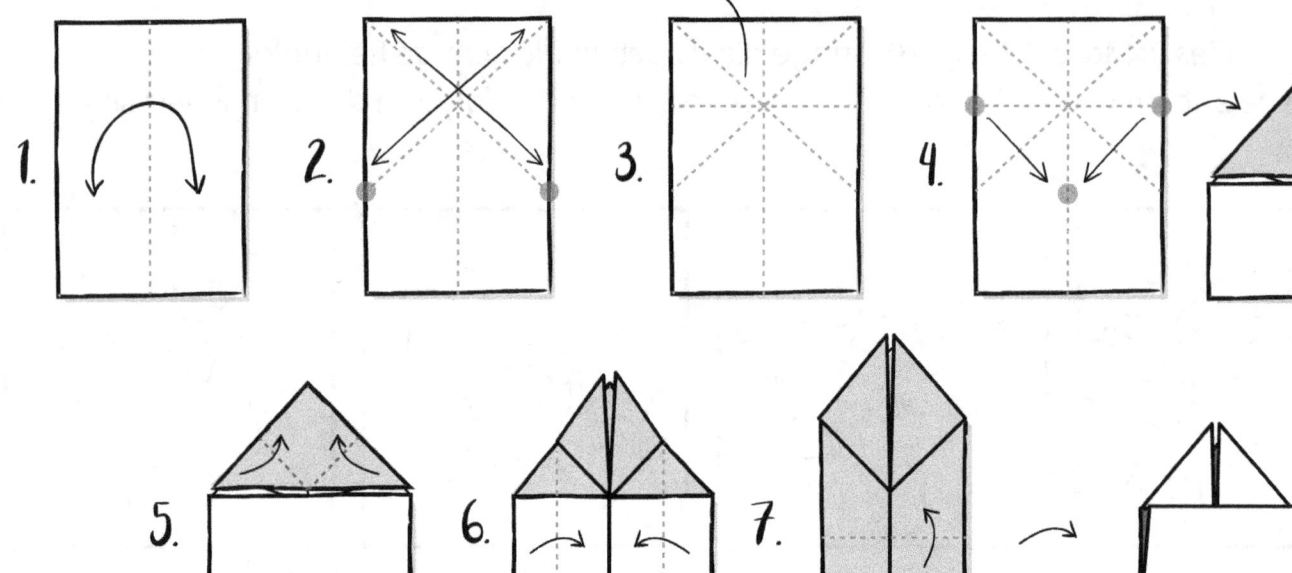

1. Nimm ein rechteckiges Stück Papier, falte es in der Mitte und öffne es wieder.
2. Falte die beiden oberen Ecken an die gegenüberliegende Kante des Papiers.
3. Dort, wo sich die diagonalen Falten in der Mitte treffen, das Papier nach hinten falten und wieder aufklappen.
4. Halte das Papier an den Seiten fest, bringe diese Punkte dann nach unten zur Mittellinie und glätte sie.
5. Falte die oberen Dreiecke bis zum obersten Punkt.
6. Falte die Seiten in die mittlere Falte.
7. Falte das untere Ende des Papiers nach oben, sodass das Ende die Mitte der oberen Raute trifft.
8. Falte den gleichen Teil halbierend nach unten.
9. Drehe es um. Ta-da! Fertig ist dein Papierfrosch.

ICH ENTDECKE!

Jah schickte zehn Plagen über die Ägypter. Kannst du die drei Plagen unten benennen?
Male jede Plage in der gleichen Farbe an.
Zähle dann jede Art von Plage und schreibe die Zahl auf das Etikett.

PESSACH

Lies 2. Mose 12, 4. Mose 9 und Johannes 19 (Schlachter-Bibel).
Vervollständige das Kreuzworträtsel.

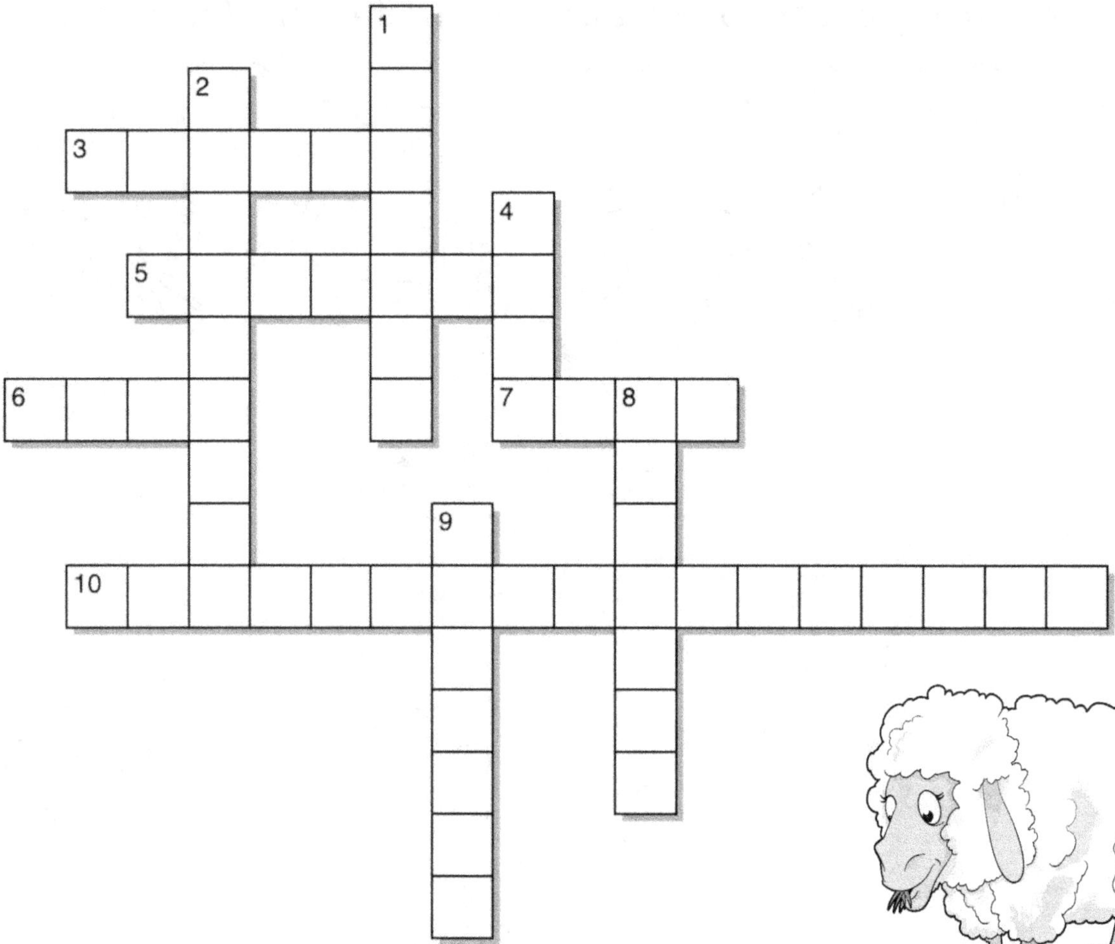

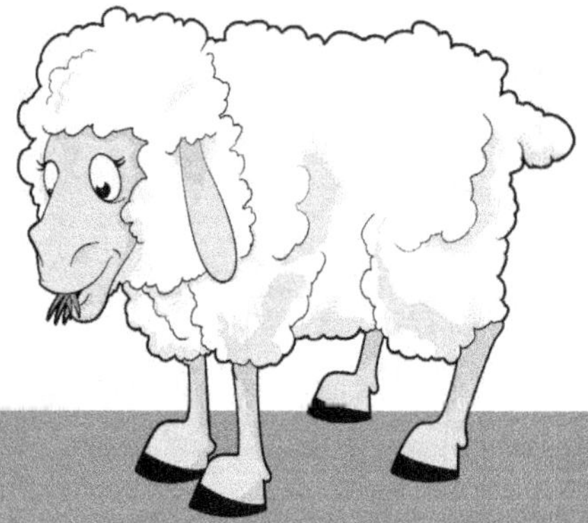

WAAGERECHT

3) Der König von Ägypten.
5) Jesus' hebräischer Name
6) „Und wenn ich das _____ sehe, dann werde ich verschonend an euch vorübergehen…" (2. Mose 12,13)
7) Wer führte die Kinder Israels aus Ägypten?
10) Die Hebräer verließen Ägypten während dieses Festes (2. Mose 12,17)

SENKRECHT

1) „Sie sollen nichts davon übriglassen bis zum Morgen, auch keinen _____ an ihm zerbrechen…" (4. Mose 9,12)
2) „Sieben Tage lang darf sich kein _____ in euren Häusern finden." (2. Mose 12,19)
4) Ein junges Schaf
8) „Denn dies ist geschehen, damit die _____ erfüllt würde…" (Johannes 19,36)
9) Am vierzehnten Tag des Monats, zur Abendzeit, ist das _____ des Herrn.

DAS PESSACHMAHL

Die Bibel besagt, dass Mose Jahs Anweisungen befolgte und den Pharao bat, die hebräischen Sklaven freizulassen. Als der Pharao sich weigerte und die neun Plagen ignorierte, die Jah bereits geschickt hatte, beschloss Jah, alle Erstgeborenen im Land Ägypten zu töten. Aber zuerst warnte Er Mose, dass die Hebräer zum Schutz ihrer Erstgeborenen die beiden Türpfosten und den Türsturz ihrer Häuser mit Lammblut markieren sollten. „Wenn ich das Blut sehe, dann werde ich verschonend an euch vorübergehen; und es wird euch keine Plage zu eurem Verderben treffen, wenn ich das Land Ägypten schlagen werde." (2. Mose 12,13)

Nachdem Jah die Hebräer aus Ägypten herausgeführt hatte, bat Er sie, jedes Jahr die festgesetzte Zeit der ungesäuerten Brote zu ehren und sich daran zu erinnern, wie Er sie vor Seinem Gericht über die Ägypter beschützt hatte (3. Mose 23,4-8). Das Fest der ungesäuerten Brote beginnt am vierzehnten Tag des hebräischen Monats Nisan bei Sonnenuntergang mit einem Pessachmahl. Heute feiern die Gläubigen Jeschuas das Pessachmahl, indem sie Lamm und ungesäuertes Brot essen, um sich an den Tod des Messias zu erinnern.

Male die Tür an

Warum, glaubst du, verhärtete Jah das Herz des Pharaos, so dass er die Hebräer nicht befreien wollte?

....

Esst ihr in eurer Familie jedes Jahr das Pessachmahl? Wenn ja, was esst ihr?

....

FEST DER UNGESÄUERTEN BROTE

Lies 2. Mose 13 und 3. Mose 23.
Finde die Wörter aus der Liste unten und kreise sie ein.

```
B I T T E R E K R A E U T E R F
R A X O K I Q M C L S X D D Y E
D Q E T Z E O O S P I V H H L S
W Y D G I K L S D F E H X E V T
W N C E Y Q B E F M B N L B S G
Z Y P Z P R K W S E F V R A E
W L Q Q E E T U Y D N G K A U S
U Y S O P S A E Z R T S U E E E
C C N O E S C C N B A B Z E R T
Z E I H A A H A U S G H T R T Z
B A Z U T C C J M P E R P C E T
L Z Q J D H T B N O L K S U I E
U J A H W E H U G T L A R P G Z
T V E R S A M M L U N G M G P E
G E S C H L E C H T E R O M M I
P N G C E D M A T Z E F I B L T
```

PESSACH SAUERTEIG JAHWEH BITTERE KRAEUTER
FESTGESETZTE ZEIT VERSAMMLUNG LAMM GESCHLECHTER
BLUT MATZE HEBRAEER YSOP
AEGYPTEN HAUS MOSE SIEBEN TAGE

LÜCKENTEXT

Lies 2. Mose 12,14-19. Fülle die Lücken aus.

"Und dieser Tag soll euch zum ………………… sein, und ihr sollt ihn feiern als ein Fest des ………………… bei euren künftigen Geschlechtern; als ………………… Ordnung sollt ihr ihn feiern. Sieben Tage lang sollt ihr ………………… Brot essen; darum sollt ihr am ersten Tag den ………………… aus euren Häusern hinwegtun. Denn wer gesäuertes Brot isst vom ersten Tag an bis zum siebten Tag, dessen Seele soll ausgerottet werden aus …………………! Und ihr sollt am ersten Tag eine heilige ………………… halten, ebenso am siebten Tag eine heilige Versammlung. Keine ………………… sollt ihr an diesen Tagen tun; nur was jeder zur Speise nötig hat, das allein darf von euch zubereitet werden. Und haltet das ………………… der ungesäuerten Brote! Denn eben an diesem Tag habe ich eure Heerscharen aus dem Land ………………… herausgeführt; darum sollt ihr diesen Tag als ewige Ordnung ………………… bei euren künftigen ………………… . Am vierzehnten Tag des ersten Monats, am Abend, sollt ihr ungesäuertes Brot essen bis zum einundzwanzigsten Tag des Monats, am Abend."

GEDENKEN	SAUERTEIG	ÄGYPTEN
HERRN	ISRAEL	GESCHLECHTERN
EWIGE	VERSAMMLUNG	ARBEIT
UNGESÄUERTES	FEST	EINHALTEN

„Und sie sollen von dem Blut nehmen und damit beide Türpfosten und die Oberschwellen der Häuser bestreichen..."

(2. Mose 12,7)

LERNE, SCHAFE ZU ZEICHNEN

Während des ersten Pessachmahls in Ägypten aßen die Hebräer Lamm (ein junges Schaf) und bittere Kräuter. Folge den Schritten 1 - 6 und zeichne dein eigenes Schaf!

PESSACH

Die Israeliten bestrichen die beiden Türpfosten und den Türsturz ihrer Häuser mit Blut, um sie vor der letzten Plage zu schützen. Lies 2. Mose 12,1-30. Male Blut auf die Türpfosten und den Türsturz. Male das Bild aus.

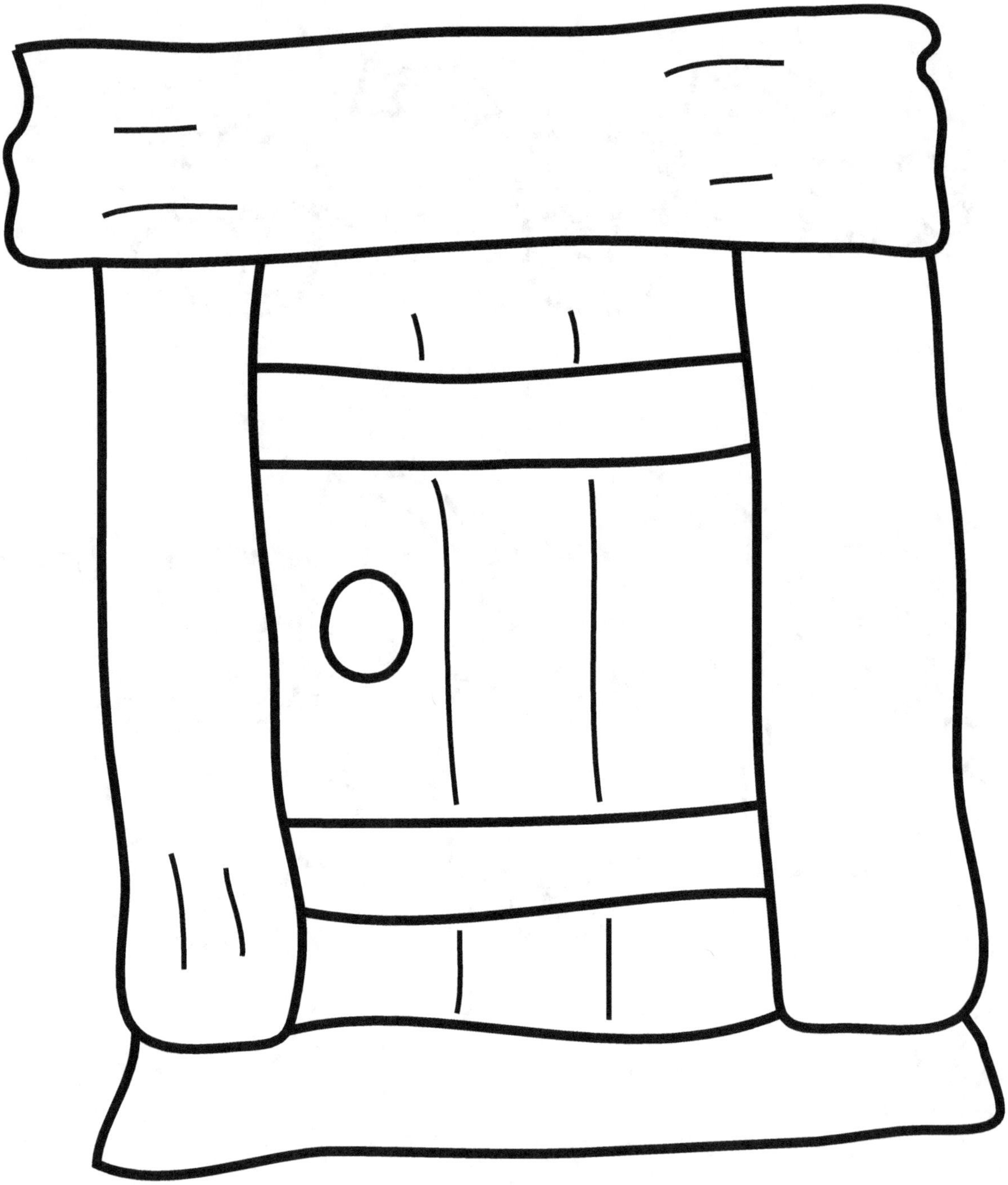

Das Pessachmahl

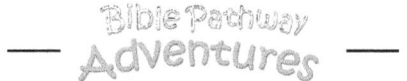

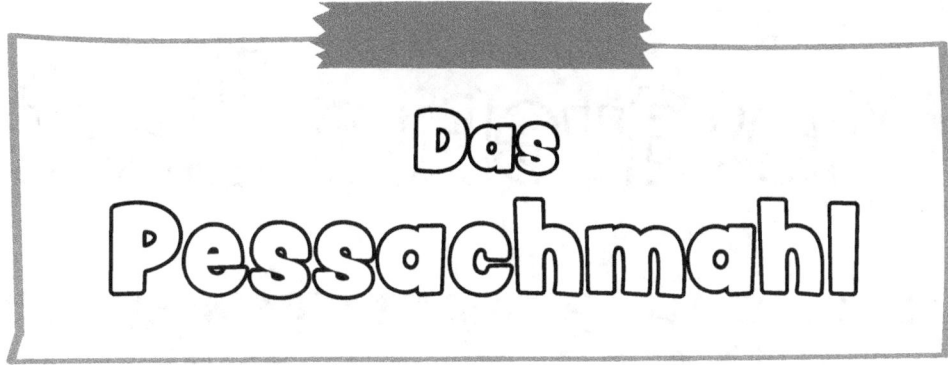

Was isst du zum Pessachmahl? Zeichne das Essen, welches du isst, auf den Teller unten.

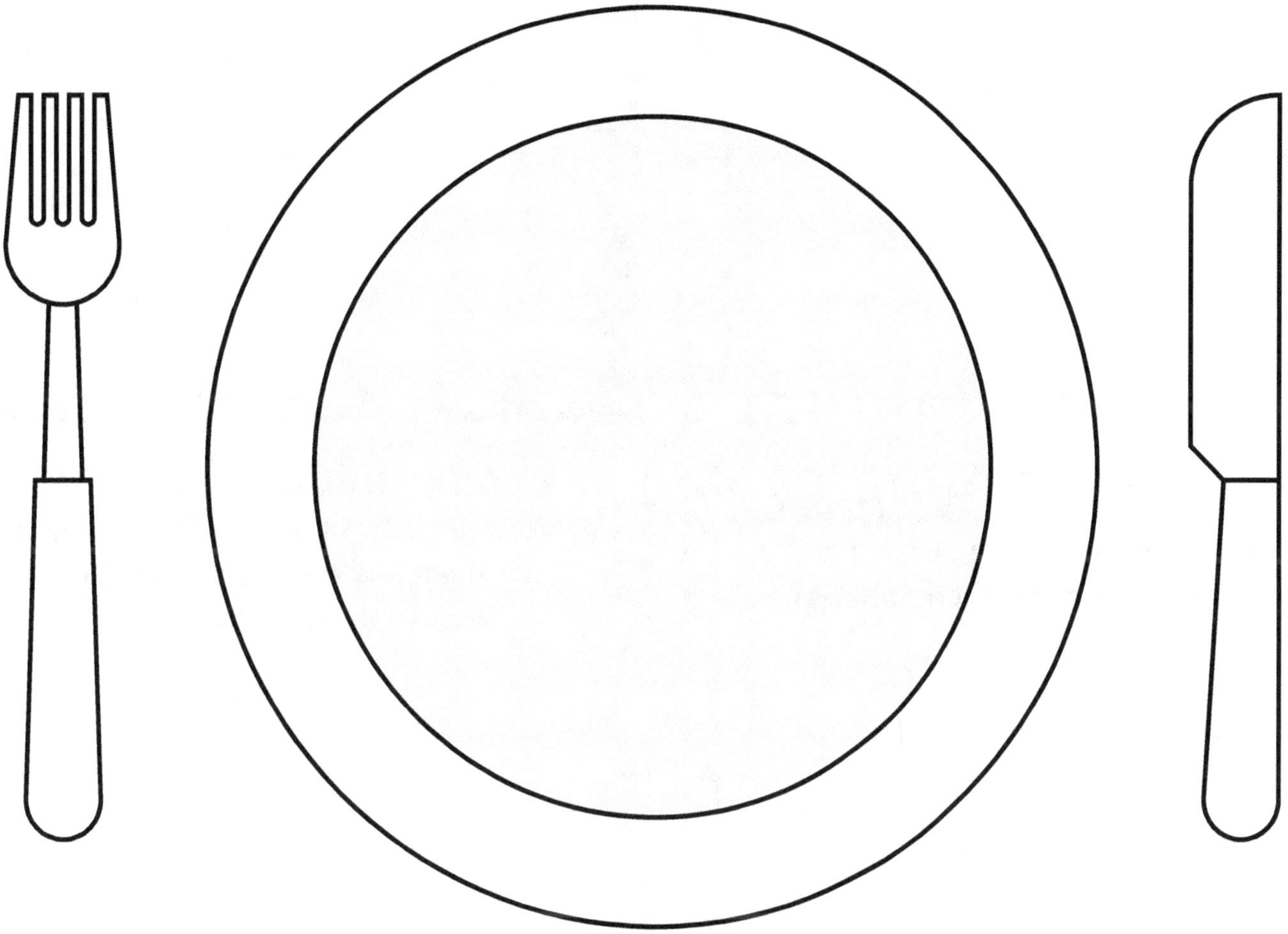

© BPA Publishing Ltd 2021

Ungesäuerte Brote

Stell dir vor, du wärst in der Menge, als Jeschua gekreuzigt wird. Was würdest du zu Ihm sagen?

Wenn die zehn Plagen Ägyptens ein Buch wären, würde das Cover so aussehen...

Zeichne ein Bild von deiner Familie, wie sie das Pessachmahl isst.

Wo in der Bibel kann ich Anweisungen finden, wie man das Fest der ungesäuerten Brote ehrt?

Der Auszug aus Ägypten

Die Kinder Israels verließen Ägypten mit ihren Habseligkeiten. Denke über das Leben im alten Ägypten nach und mache eine Liste mit Gegenständen, die in den Taschen der Israeliten gewesen sein könnten. Zeichne einige der Gegenstände in den Beutel.

1. ....
2. ....
3. ....
4. ....
5. ....
6. ....
7. ....
8. ....
9. ....
10. ....

www.biblepathwayadventures.com
Pessach & das Fest der ungesäuerten Brote – Übungsbuch

© BPA Publishing Ltd 2021

UNGESÄUERTE BROTE

Als die Kinder Israels Ägypten verließen, waren sie so in Eile, dass sie keine Zeit hatten, ihren Brotteig gehen zu lassen. Also trugen sie den ungebackenen Teig auf ihren Rücken. Während sie liefen, wurde er in der Sonne erhitzt. Weil das Brot keine Hefe hatte, wurde es hart und flach und war als „Matze" (oder Matzah) bekannt. Das Essen von Matze jedes Jahr während des Festes der ungesäuerten Brote erinnert die Menschen an den Auszug der Israeliten aus Ägypten und daran, wie Gott sie aus der Knechtschaft befreite. Obwohl die Israeliten körperlich befreit worden waren, beteten sie immer noch die falschen Götter Ägyptens an. Sie mussten lernen, Ägypten geistig zu verlassen. Das Fest der ungesäuerten Brote beginnt am fünfzehnten Tag des Nisan (März-April) und dauert sieben Tage.

Viele Menschen glauben, dass das Fest der ungesäuerten Brote ein jüdisches Fest ist. Aber die Bibel besagt, dass dieses Fest eine von Gottes „festgesetzten Zeiten" ist.

Male die Matze aus!

Wie ehrst du und deine Familie das Fest der ungesäuerten Brote?

....

Was sagte Jah den Kindern Israels, wie sie ihre Häuser für das Fest der ungesäuerten Brote vorbereiten sollen? (2. Mose 12,15-19)

....

LASST UNS MATZE MACHEN!

ZUTATEN
1 Tasse Mehl
1/3 Tasse Pflanzenöl
1/8 Teelöffel Salz
1/3 Tasse Wasser

ANLEITUNG
Ein Backblech mit Backpapier auslegen.
Mehl, Öl und Salz in einer Schüssel vermischen.
Wasser hinzufügen und verrühren, bis der Teig weich ist.
Den Teig mit den Händen zu sechs Kugeln formen und zu Scheiben
auf das vorbereitete Backblech drücken.
Bei 220°C (425°F) 8-10 Minuten backen oder bis das Brot gar ist.

✡ CHAG HAMATZOT ✡

Die hebräischen Worte für das Fest der ungesäuerten Brote sind Chag HaMatzot. Zu diesem Fest wird der Auszug der Kinder Israels aus Ägypten gefeiert. Jah bittet uns, uns an diese festgesetzte Zeit zu erinnern und sie für immer zu ehren (2. Mose 12,17).

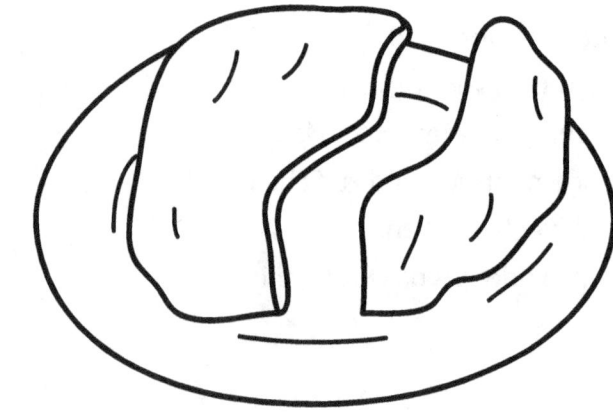

Chag HaMatzot

חַג הַמַּצוֹת

Fest der ungesäuerten Brote

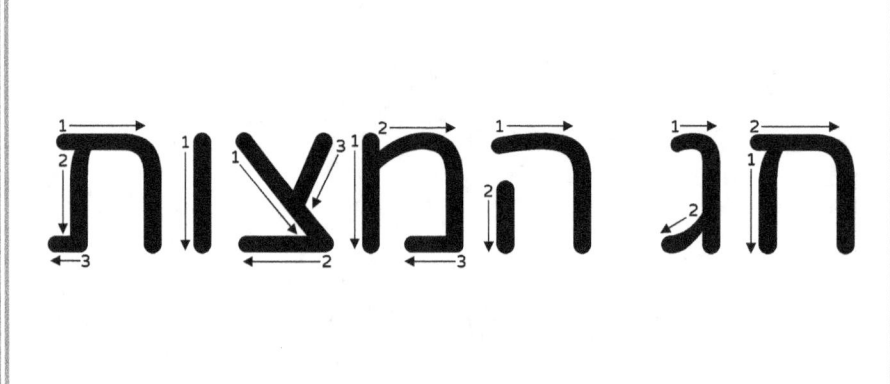

LASST UNS SCHREIBEN!

Übe das Schreiben von „Chag HaMatzot" auf den untenstehenden Zeilen.

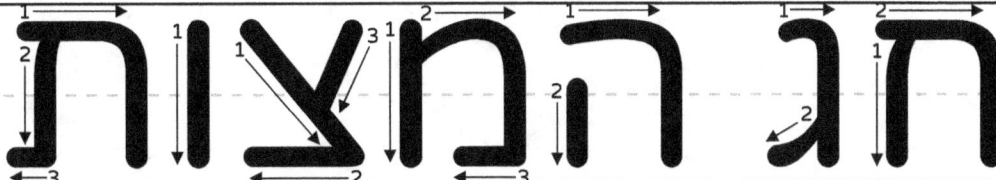

Probiere es nun selbst.
Denke daran, dass die hebräische Sprache von RECHTS nach LINKS gelesen wird.

DAS LETZTE MAHL JESCHUAS

Bevor Jeschua gekreuzigt wurde, nahm er mit seinen Jüngern in einem Obergemach in Jerusalem eine Mahlzeit ein. Zeichne eine Szene aus dieser Geschichte, um das Bild zu vervollständigen.

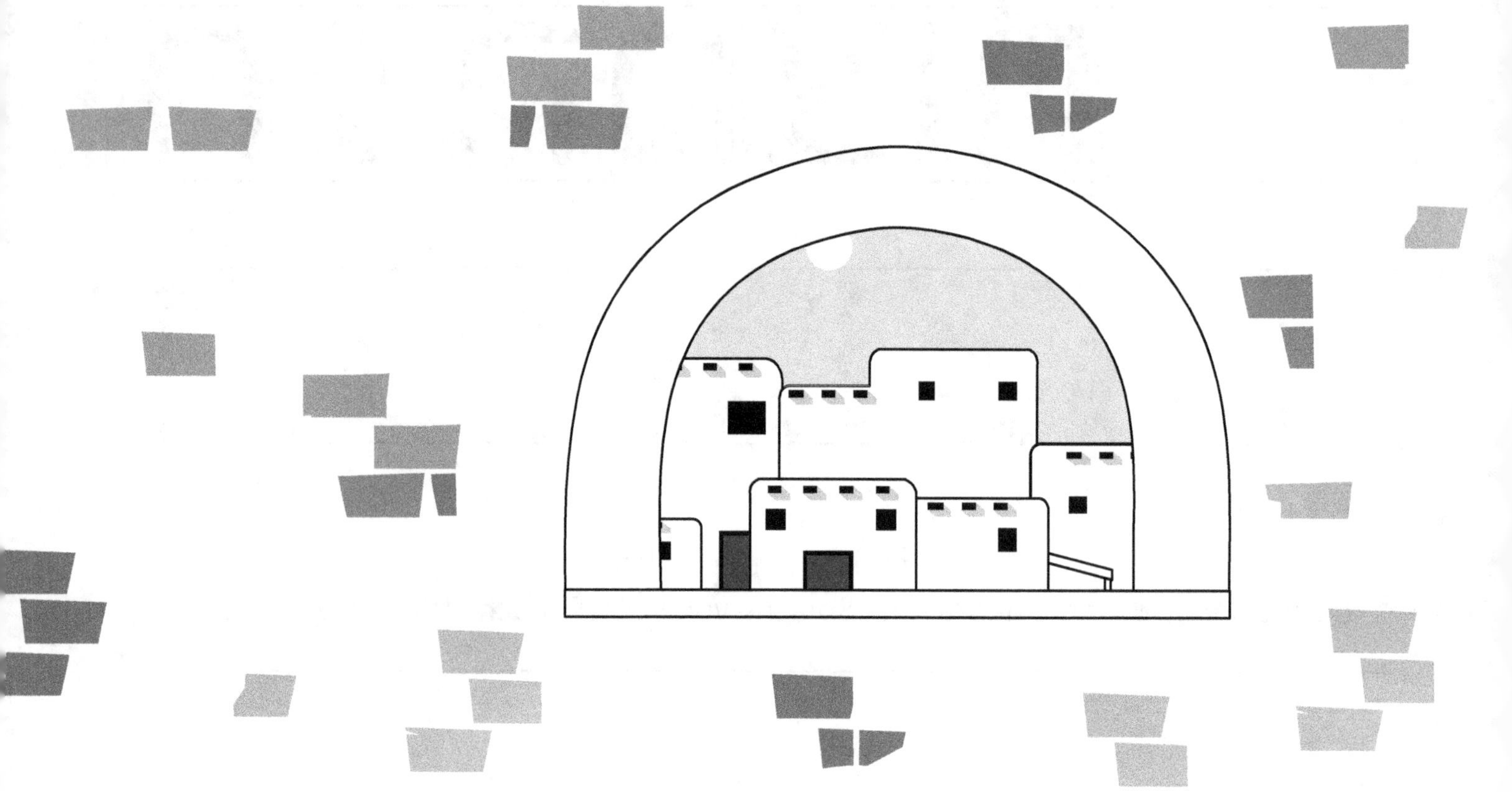

„Das ist mein Leib, der für euch gegeben wird; das tut zu meinem Gedächtnis!"

(Lukas 22,19)

SILBERMÜNZEN

Zähle die Anzahl der Silberlinge im Beutel, um herauszufinden,
wie viel Geld Judas bekommen hat, um Jeschua zu verraten. Male das Bild aus.

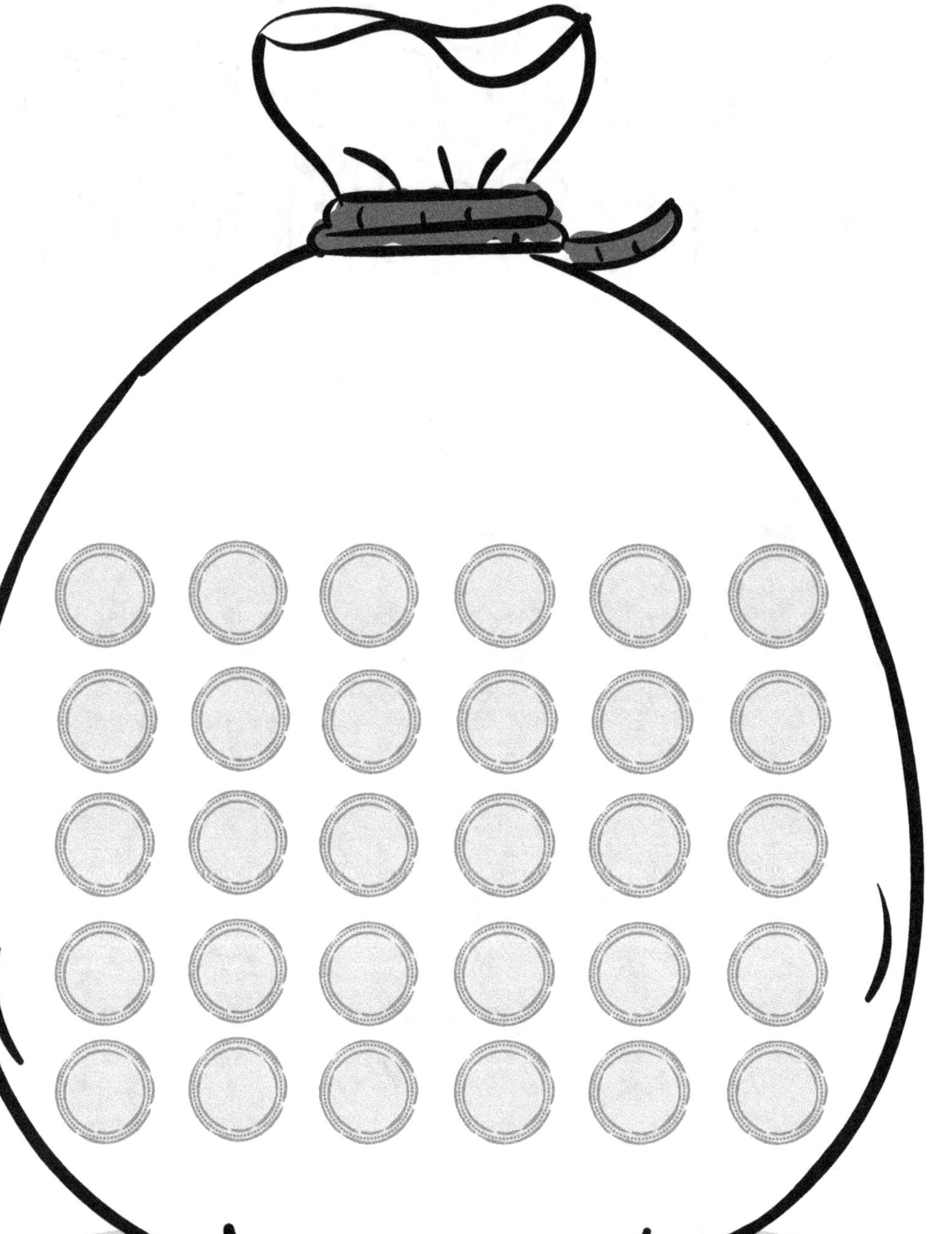

VOR DEM SANHEDRIN

Bevor Jeschua gekreuzigt wurde, stellte ihn der Sanhedrin vor Gericht. Der Sanhedrin hatte 71 Mitglieder, darunter Kajaphas, der Hohepriester, und andere religiöse Führer. Hilf den Soldaten, Jeschua vor den Sanhedrin zu bringen.

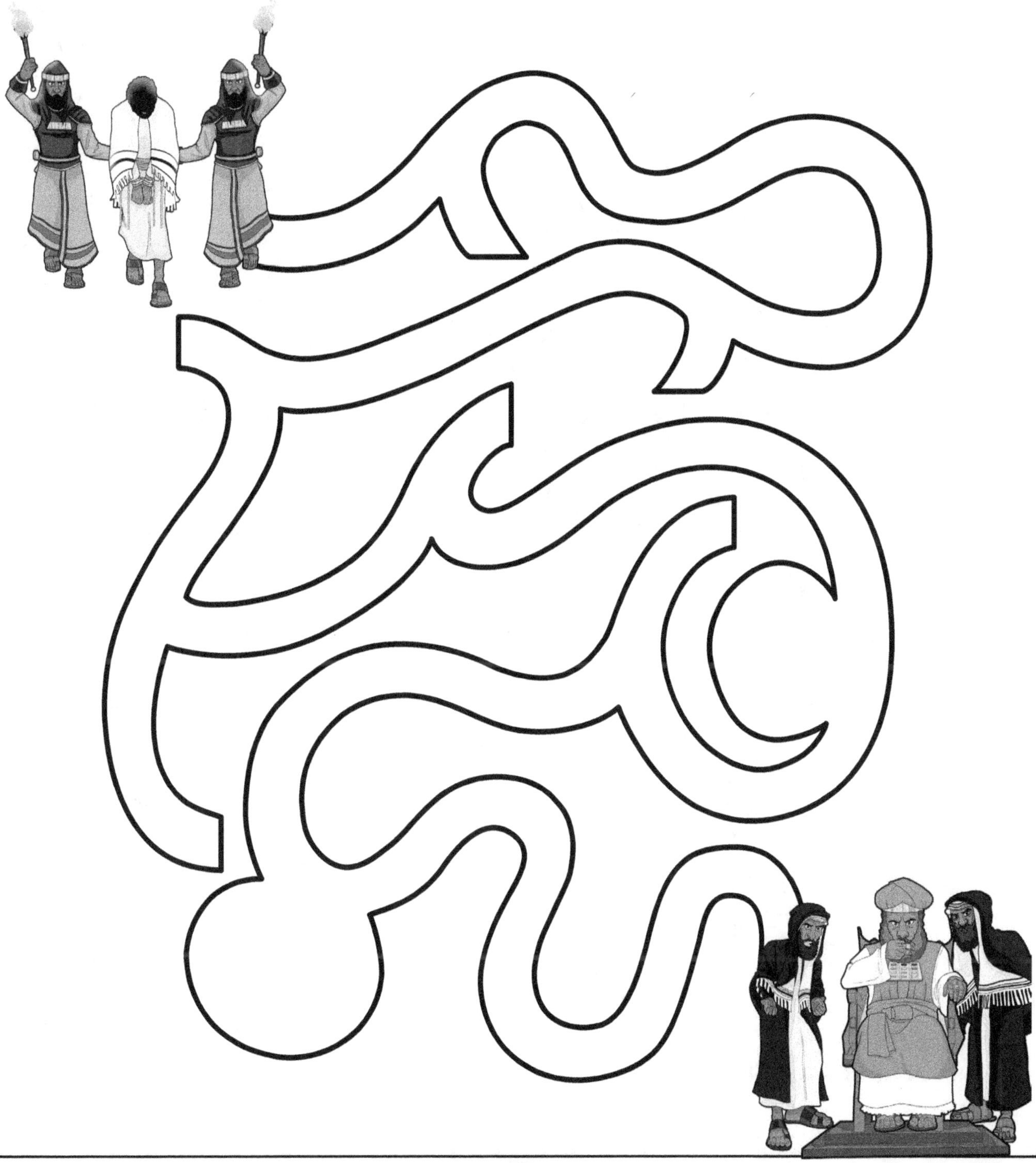

JESCHUA VOR PILATUS

Schlage deine Bibel auf und lies Matthäus 27.
Beantworte die Fragen. Male das Bild aus

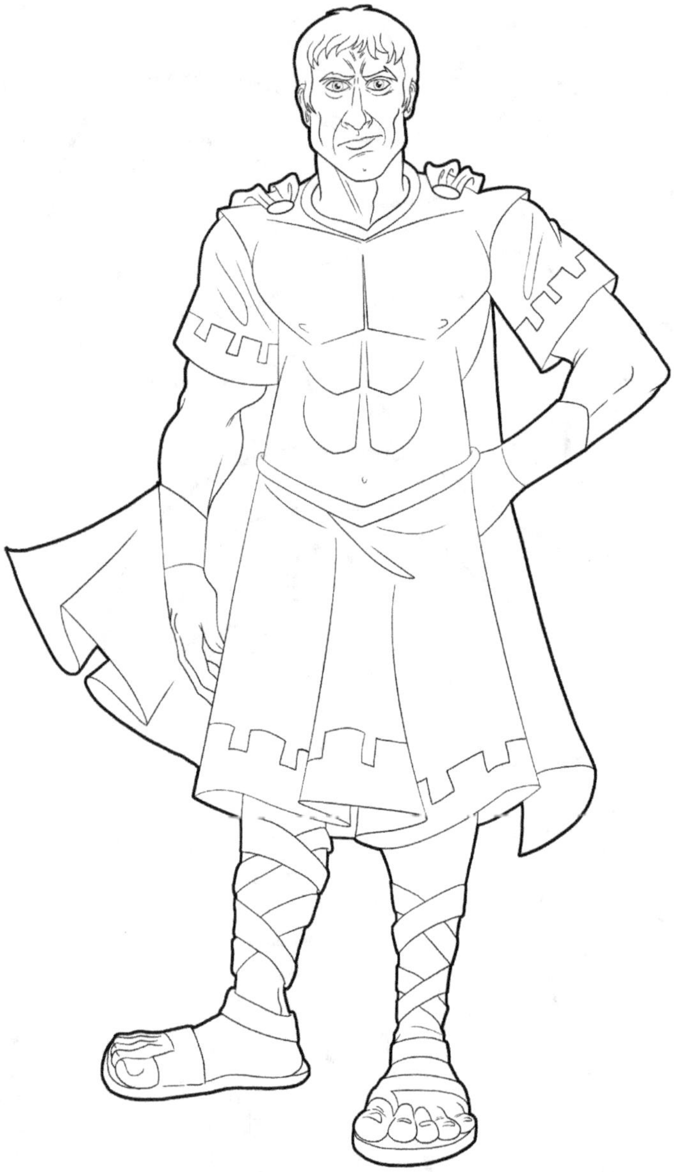

1. Wie hat Jeschua die Fragen des Pilatus beantwortet? (Vers 14)

....
....
....
....

2. Wer schickte Pilatus eine Nachricht? (Vers 19)

....
....
....
....

3. Wen übergab Pilatus, um gekreuzigt zu werden? (Vers 26)

....
....
....
....

PESSACH & DAS FEST DER UNGESÄUERTEN BROTE

Lies 2. Mose 13, 2. Chronik 30 & 35, Johannes 6, Apostelgeschichte 20 und 1. Korinther 5 & 15. Beantworte die folgenden Fragen.

1. Paulus ermutigt die Gemeinde in 1. Korinther 5 welches Fest einzuhalten? ....
2. Welche Art von Brot nahmen die Hebräer mit, als sie Ägypten verließen? ....
3. Wie lange dauert das Fest der ungesäuerten Brote? ....
4. Das Pessachmahl findet zu Beginn welchen Festes statt? ....
5. Für wie lange sollten die Israeliten das Pessachmahl einhalten? ....
6. Welcher israelitische König ehrte dieses Fest in 2. Chronik 30? ....
7. In welcher Stadt feierte Josia dieses Fest? ....
8. Wohin segelte Paulus nach dem Fest der ungesäuerten Brote in Apostelgeschichte 20,6? ....
9. Wie viele Menschen hat Jeschua vor diesem Fest in Johannes 6 gespeist? ....
10. Zu welcher festgesetzten Zeit während des Festes der ungesäuerten Brote ist Jeschua aus dem Grab auferstanden? ....

DER ÖLBAUM

Jeschua verweilte eine Zeit lang mit seinen Jüngern im Garten Gethsemane. Der Name Gethsemane bedeutet „Ölpresse". Noch heute kann man überall im Land Israel Olivenpressen finden. Die Hebräer stellten Olivenöl her, indem sie Oliven in Säcke legten und diese übereinander stapelten. Ein Balken wurde auf den Stapel herabgelassen und ein Gewicht am Ende des Balkens befestigt, um Öl aus den Oliven zu pressen. Beschrifte den Olivenbaum anhand der Wörter unten. Male den Baum an.

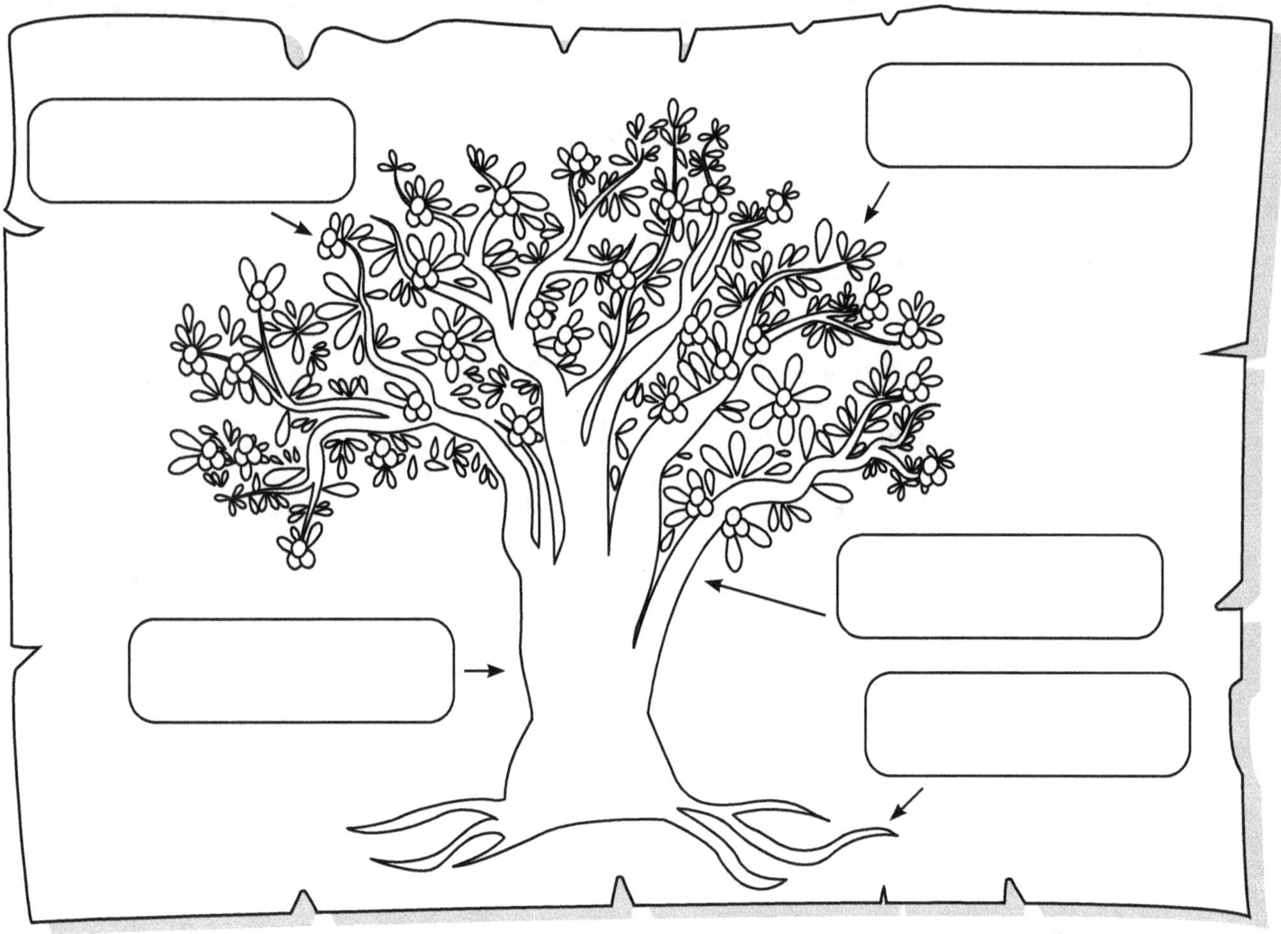

Wurzeln   **Zweige**   **Oliven**

Blätter   **Stamm**

TOD AM PFAHL

Lies Matthäus 27,32-56.
Beantworte die folgenden Fragen.

1. Wer hat Jeschua zum Tode verurteilt? ....

2. Wer wurde gezwungen, Jeschuas Kreuz durch die Straßen Jerusalems zu tragen? ....

3. An welcher Stelle wurde Jeschua an den Pfahl genagelt? ....

4. Was stand auf dem Schild über Jeschuas Kopf geschrieben? ....

5. Was schrie Jeschua, während er an den Pfahl genagelt wurde? ....

6. Wer wurde neben Jeschua gekreuzigt? ....

7. Nachdem Jeschua gestorben war, wie lange bedeckte die Finsternis das Land? ....

8. Wer bat Pilatus um Jeschuas Leichnam? ....

9. Was benutzte der römische Kriegsknecht (Soldat), um Jeschuas Seite zu durchbohren? ....

10. In was wurde Jeschua eingewickelt, bevor er begraben wurde? ....

Kreuzigung

Lies Matthäus 27,50-52 und schreibe den Bibelvers auf.

....

....

....

1. Was zerriss in zwei Teile, als Jeschua seinen Geist aufgab?

....

....

2. Was erschütterte die Stadt, nachdem Jeschua gestorben war?

....

....

3. Wer sagte: „Wahrhaftig, dieser war Gottes Sohn!"?

....

....

Zeichne deine Lieblingsszene aus dieser Geschichte.

Was könnte ich aus dem Leben von Jeschua lernen?	Gott benutzte Jeschua, um...
....	....
....	....

DER TEMPEL

Der Tempel in Jerusalem war das Zentrum des hebräischen Lebens während der biblischen Zeit. Es begann mit dem Bau des ersten Tempels durch König Salomo und endete mit seiner Zerstörung durch die Römer im Jahr 70 n. Chr. Um die Bundeslade unterzubringen, baute König Salomo im zehnten Jahrhundert den ersten Tempel, der später von den Babyloniern zerstört wurde. Ein zweiter Tempel wurde während der Zeit von Nehemia gebaut und einer großen Renovierung während der Herrschaft von König Herodes unterzogen.

Jedes Jahr während des Pessach-Opfers im Tempel, bildeten diejenigen, die ein Lamm opfern wollten, Gruppen. Jede Gruppe schlachtete ein Pessach-Lamm für diese Gruppe von Menschen. Die Priester erlaubten, dass der Hof der Israeliten dreimal gefüllt wurde, um dies zu tun. Das Pessach-Lamm wurde, anders als die üblichen Tieropfer, von den Israeliten selbst geopfert. Die Lämmer wurden in der Nacht gebraten und gegessen.

Male den Tempel an!

Wer baute den ersten Tempel in Jerusalem?

....

Wie haben die Israeliten zu biblischen Zeiten ein Lamm für das Pessachmahl geschlachtet?

....

PESSACH

Lies 2. Mose 12, Matthäus 26 und Johannes 18.
Besprich, wie die Bilder unten mit dem Pessach und der Geschichte der Kreuzigung zusammenhängen. Ordne jedes Wort dem richtigen Bild zu.

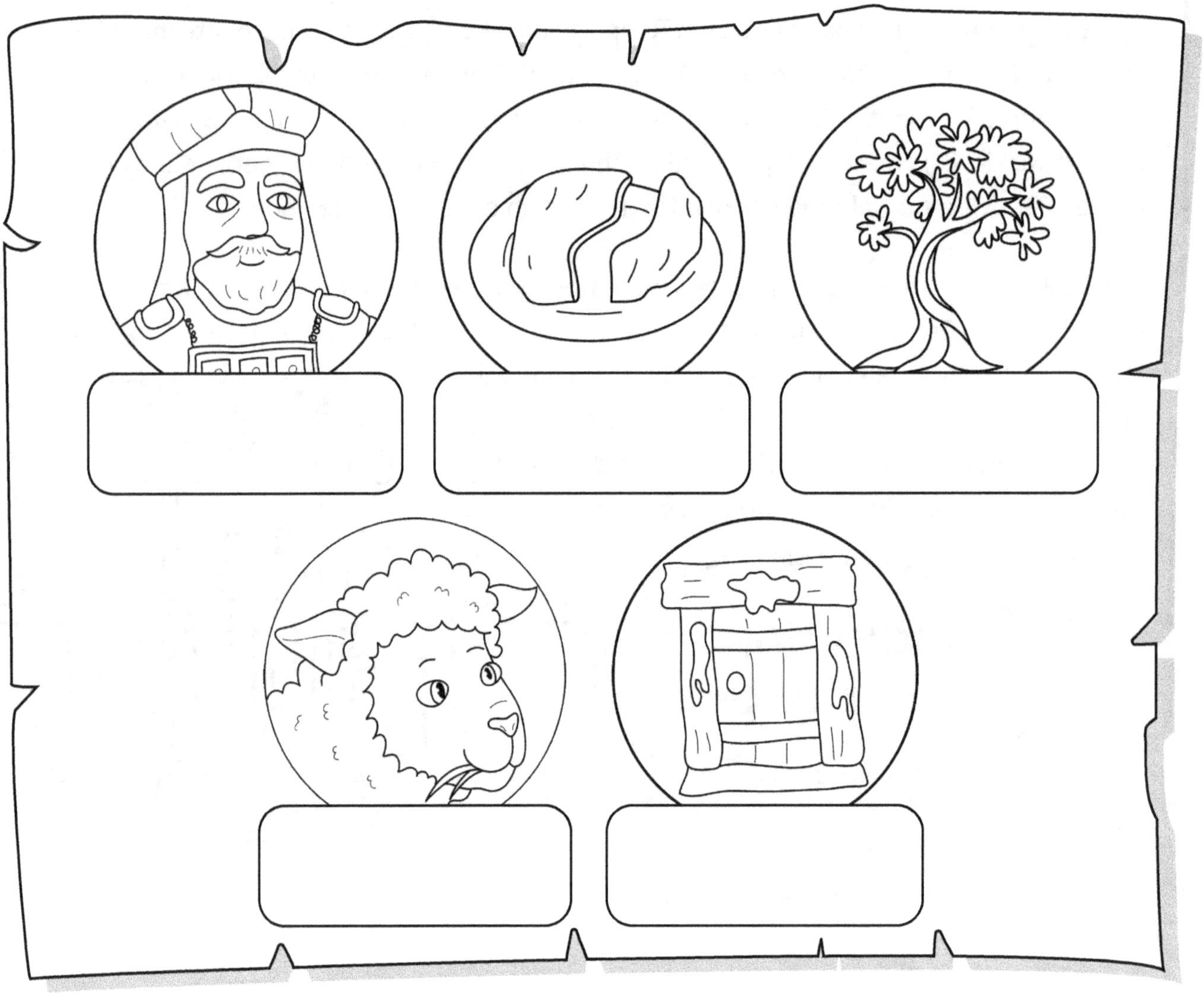

Brot   Lamm   Olivenbaum

Pessach   Hohepriester

Lasst uns Schreiben

Lies die Geschichte der Kreuzigung (Matthäus 27,27-44, Markus 15,16-32, Lukas 23,26-43 und Johannes 19,16-27). Schreibe die Geschichte in deinen eigenen Worten auf folgende Zeilen.

DAS PESSACH-LAMM

Schlage deine Bibel bei 1. Korinther 5,7 auf. Übertrage die Bibelstelle auf die vorgesehenen Zeilen. Benutze deine Fantasie, um das Bild unten auf der Seite auszumalen.

HANDWERK & PROJEKTE

Ein Pappteller-Lamm basteln

Du benötigst:
1. Pappteller
2. Weiße Wattebällchen
3. Schwarzes Bastelpapier
4. Bastelaugen
5. Schulkleber

Vorbereitung:
Schneide das Schafsgesicht, die Beine und die Ohren aus der Vorlage auf der nächsten Seite aus.

Anleitung:

1. Bestreiche einen Pappteller mit Schulkleber.
2. Bedecke den Schulkleber mit weißen Wattebällchen.
3. Setze das Gesicht des Schafes aus der Vorlage und den Bastelaugen zusammen. (Lasse dir evtl. von einem Erwachsenen helfen)
4. Klebe den Kopf und die Beine des Schafs auf den Wattekörper.

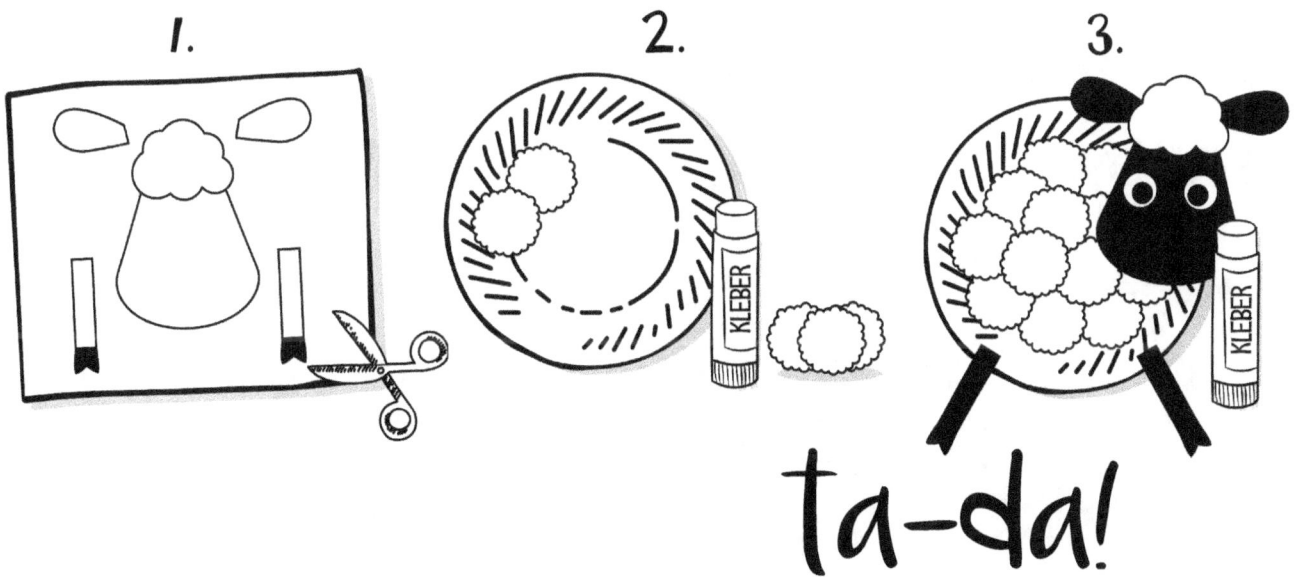

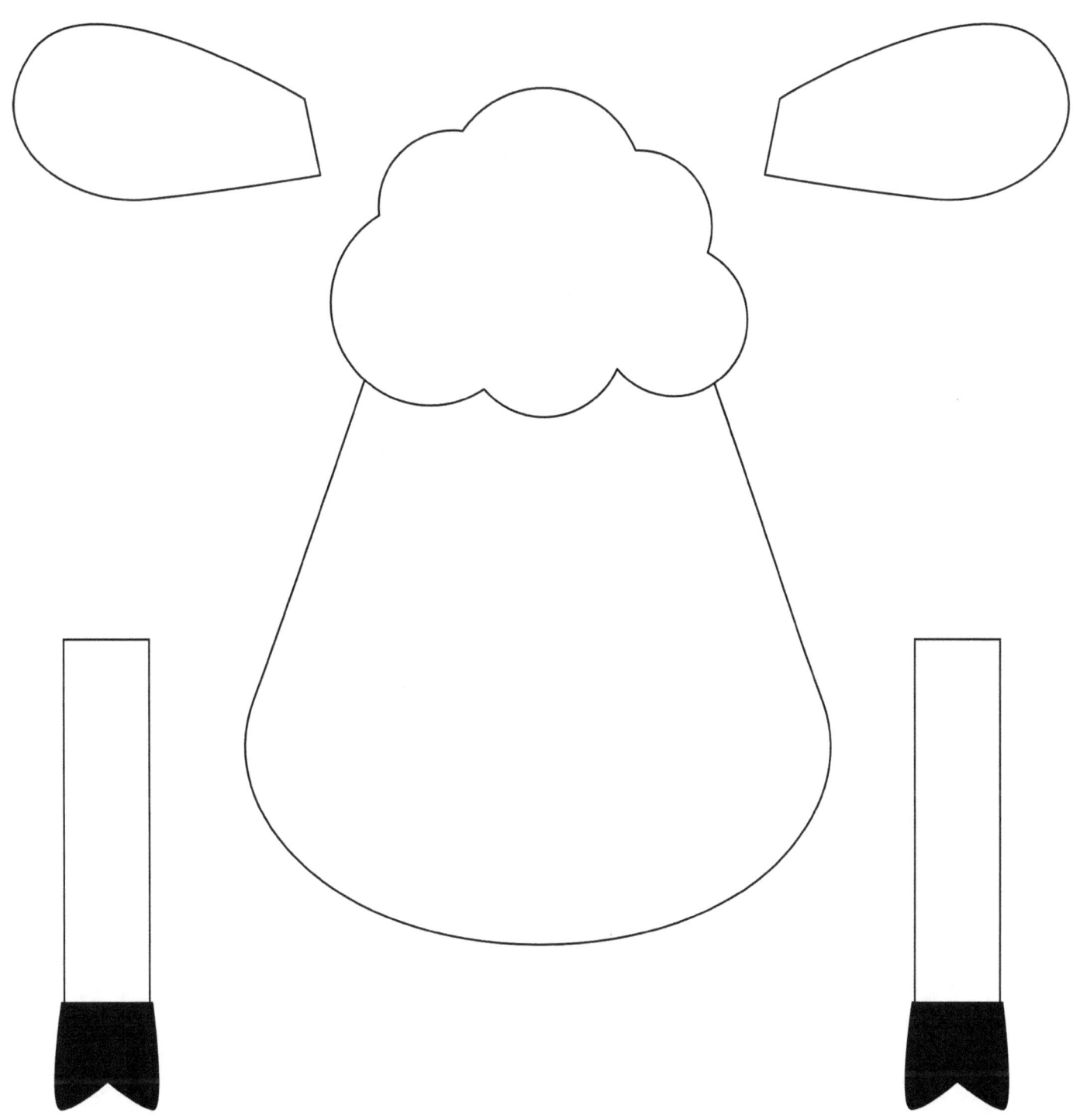

GARTEN VON GETHSEMANE

Bevor Jeschua starb, verweilte er mit seinen Jüngern im Garten.
Färbe Jeschua und die Jünger und schneide sie aus. Lege sie in den Garten.

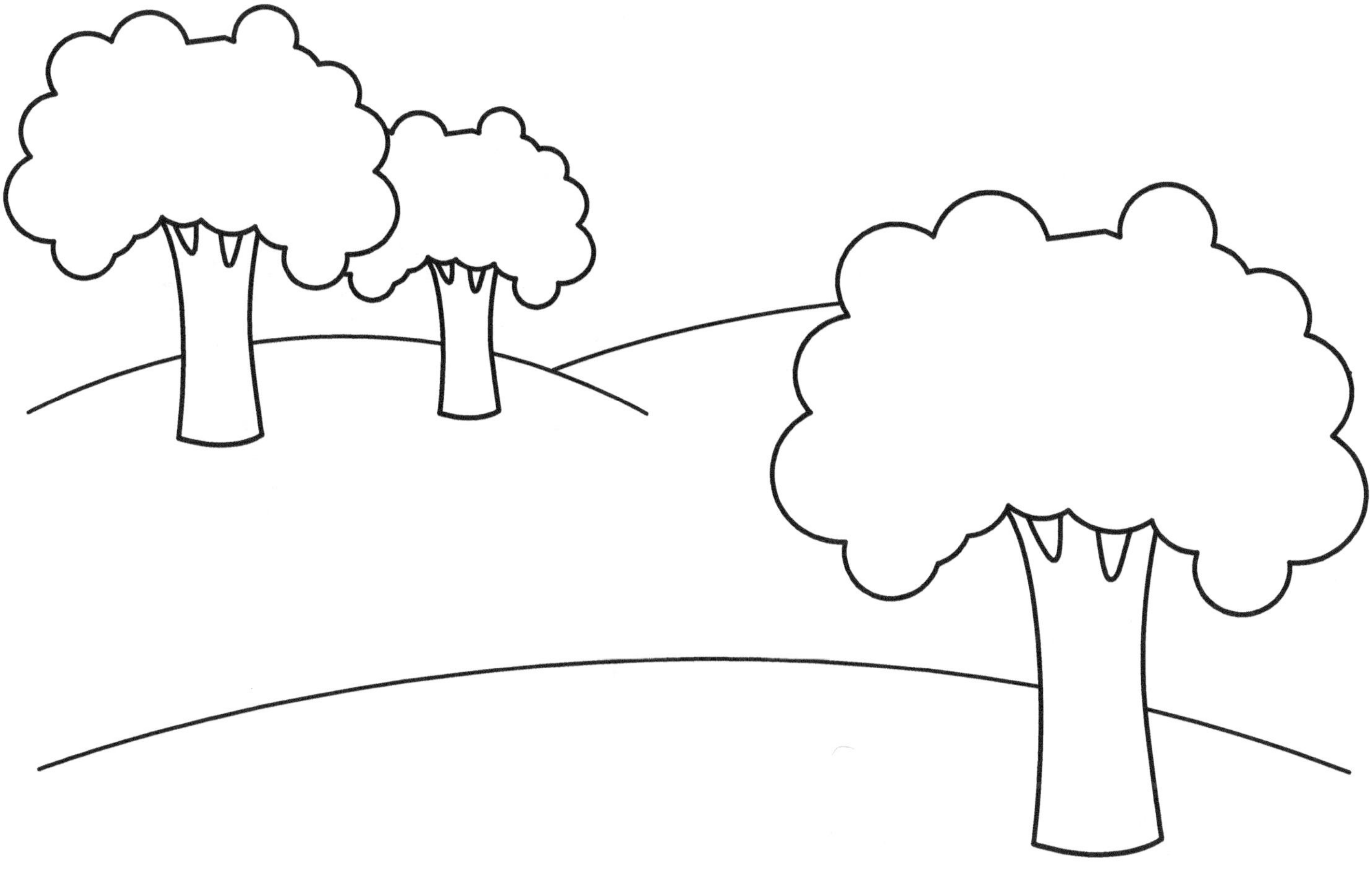

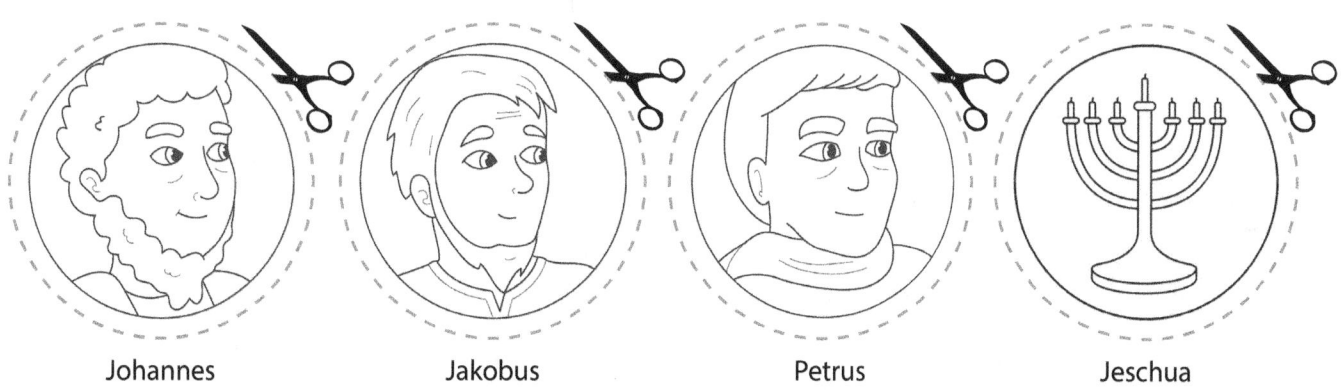

| Johannes | Jakobus | Petrus | Jeschua |

WER HAT ES GESAGT?

Lies Lukas 23, Matthäus 26 und Johannes 19. Färbe jede Bibelfigur und schneide sie aus. Ordne das Zitat der Person zu, die es gesagt hat.

1. „Vater, vergib ihnen, denn sie wissen nicht, was sie tun!" – Lukas 23,34

2. „Ich beschwöre dich bei dem lebendigen Gott, dass du uns sagst, ob du der Christus bist, der Sohn Gottes!" – Matthäus 26,63

3. „Ich kenne den Menschen nicht." – Matthäus 26,72

4. „Nehmt ihr ihn hin und kreuzigt ihn! Denn ich finde keine Schuld an ihm" – Johannes 19,6

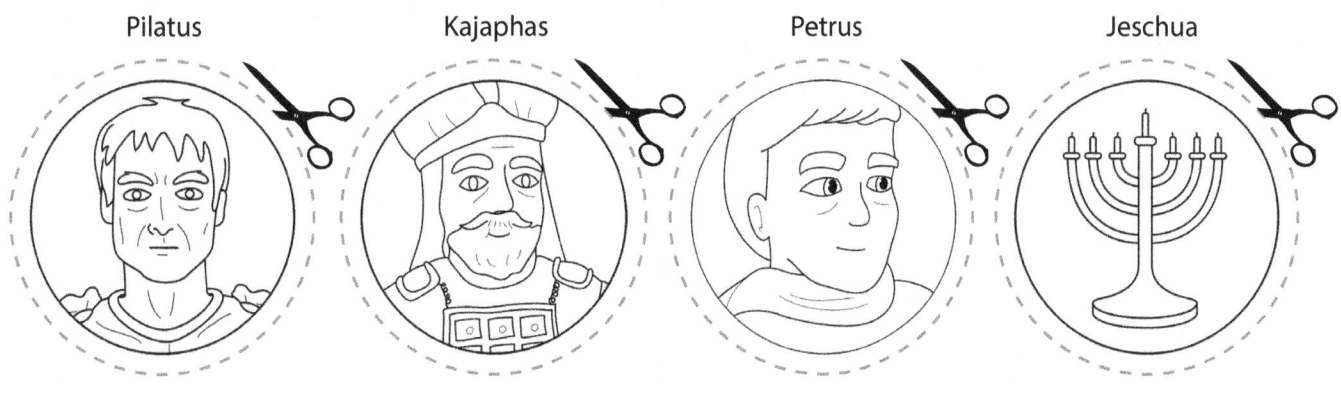

Pilatus   Kajaphas   Petrus   Jeschua

LÖSUNGEN

Pessach & das Fest der ungesäuerten Brote (Pesach & Chag HaMatzot)

Bibel-Quiz: Die zehn Plagen
1. Wasser verwandelt sich in Blut
2. Verwandlung von Wasser in Blut und Frösche
3. Hundsfliegen
4. Geschwüre
5. Finsternis
6. Tod aller Erstgeborenen
7. Zehn
8. Jah (der Herr)
9. Die Gebeine Josephs
10. Fest der ungesäuerten Brote

Bibel-Kreuzworträtsel: Pessach
Waagerecht:
3. Pharao
5. Jeschua
6. Blut
7. Mose
10. Ungesaeuerte Brote

Senkrecht:
1. Knochen
2. Sauerteig
4. Lamm
8. Schrift
9. Pessach

Arbeitsblatt zum Verständnis: Das Pessachmahl
Antwortvorschläge:
1. Jah konnte zeigen, wie machtlos die falschen Götter der Ägypter im Vergleich zu Ihm waren
2. Lamm, bittere Kräuter und Brot. Oder etwas anderes?

Bibel-Wortsuchrätsel: Das Fest der ungesäuerten Brote

Lückentext
Und dieser Tag soll euch zum Gedenken sein, und ihr sollt ihn feiern als ein Fest des Herrn bei euren künftigen Geschlechtern; als ewige Ordnung sollt ihr ihn feiern. Sieben Tage lang sollt ihr ungesäuertes Brot essen; darum sollt ihr am ersten Tag den Sauerteig aus euren Häusern hinwegtun. Denn wer gesäuertes Brot isst vom ersten Tag an bis zum siebten Tag, dessen Seele soll ausgerottet werden aus Israel! Und ihr sollt am ersten Tag eine heilige Versammlung halten, ebenso am siebten Tag eine heilige Versammlung. Keine Arbeit sollt ihr an diesen Tagen tun; nur was jeder zur Speise nötig hat, das allein darf von euch zubereitet werden. Und haltet das Fest der ungesäuerten Brote! Denn eben an diesem Tag habe ich eure Heerscharen aus dem Land Ägypten herausgeführt; darum sollt ihr diesen Tag als ewige Ordnung einhalten bei euren künftigen Geschlechtern. Am vierzehnten Tag des ersten Monats, am Abend, sollt ihr ungesäuertes Brot essen bis zum einundzwanzigsten Tag des Monats, am Abend.

Faktenblatt: Ungesäuerte Brote
Antwort auf Frage Nr. 2:
Sieben Tage lang sollt ihr ungesäuertes Brot essen; darum sollt ihr am ersten Tag den Sauerteig aus euren Häusern hinwegtun. Denn wer gesäuertes Brot isst vom ersten Tag an bis zum siebten Tag, dessen Seele soll ausgerottet werden aus Israel! Und ihr sollt am ersten Tag eine heilige Versammlung halten, ebenso am siebten Tag eine heilige Versammlung. Keine Arbeit sollt ihr an diesen Tagen tun; nur was jeder zur Speise nötig hat, das allein darf von euch zubereitet werden. Und haltet das Fest der ungesäuerten Brote! Denn eben an diesem Tag habe ich eure Heerscharen aus dem Land Ägypten herausgeführt; darum sollt ihr diesen Tag als ewige Ordnung einhalten bei euren künftigen Geschlechtern. Am vierzehnten Tag des ersten Monats, am Abend, sollt ihr ungesäuertes Brot essen bis zum einundzwanzigsten Tag des Monats, am Abend. Sieben Tage lang darf sich kein Sauerteig in euren Häusern finden. Denn wer gesäuertes Brot isst, dessen Seele soll ausgerottet werden aus der Gemeinde Israels, er sei ein Fremdling oder ein Einheimischer im Land.

Arbeitsblatt zum Ausmalen: Jeschua vor Pilatus
1. Jeschua blieb stumm
2. Die Frau des Pilatus schickte ihm eine Nachricht
3. Jeschua

Bibel-Quiz: Pessach & das Fest der ungesäuerten Brote
1. Das Fest der ungesäuerten Brote
2. Ungesäuertes Brot (Brot ohne Hefe)
3. Sieben Tage
4. Fest der ungesäuerten Brote
5. Durch alle Geschlechter/Generationen hindurch (für immer)
6. König Hiskia
7. Jerusalem
8. Troas
9. 5000
10. Zum Fest der Erstlingsfrucht

Bibel-Quiz: Tod am Pfahl
1. Pilatus, der römische Statthalter
2. Simon von Kyrene
3. Golgatha
4. Dies ist Jeschua (Jesus), der König der Juden
5. Mein Gott, mein Gott, warum hast du mich verlassen?
6. Zwei Verbrecher
7. Drei Stunden
8. Nikodemus
9. Einen Speer
10. Leinene Tücher

Arbeitsblatt zum Ausmalen: Kreuzigung
1. Der Vorhang im Tempel
2. Ein Erdbeben
3. Der Hauptmann und diejenigen, die Jeschua bewachten

Arbeitsblatt zum Verständnis: Der Tempel
Antwortvorschläge:
1. König Salomo
2. Im Tempel bildeten die Israeliten, die ein Lamm opfern wollten, Gruppen. Jede Gruppe schlachtete ein Pessach-Lamm für diese Gruppe von Menschen. Das Pessach-Lamm wurde, anders als die üblichen Tieropfer, von den Israeliten selbst geopfert

Wer hat es gesagt?
1 = Jeschua, 2 = Kajaphas, 3 = Petrus, 4 = Pilatus

WEITERE ÜBUNGSBÜCHER ENTDECKEN!

Zu erwerben unter www.biblepathwayadventures.com

SOFORT DOWNLOADS!

Frucht des Geistes - Übungsbuch
Die Reisen des Paulus - Übungsbuch
100 Bibel Quizfragen – Übungsbuch
Die Herbstfeste – Übungsbuch
Bereschit / 1. Mose
Schemot / 2. Mose
Wajikra / 3. Mose
Bemidbar / 4. Mose

www.ingramcontent.com/pod-product-compliance
Lightning Source LLC
Chambersburg PA
CBHW081312070526
44578CB00006B/849